Impressum
Verlag: BABADADA GmbH, Nedderfeld 112 , 22529 Hamburg
Geschäftsführer / Verlagsleitung: Harald Hof
Druck: Books on Demand GmbH, In de Tarpen 42, 22848 Norderstedt

Imprint
Publisher: BABADADA GmbH, Nedderfeld 112 , 22529 Hamburg, Germany
Managing Director / Publishing direction: Harald Hof
Print: Books on Demand GmbH, In de Tarpen 42, 22848 Norderstedt, Germany

除
pjesëtim

186/2

黑板
tabela

教室
klasa

校园
oborr shkolle

老师
mësues

纸
letër

书写
shkruaj

钢笔
stilolaps

办公桌
tavolinë

直尺
vizore

书
libri

学生
nxënës

书包

çantë

铅笔盒

mbajtëse lapsash

铅笔

laps

卷笔刀

mprehës lapsash

橡皮擦

gomë

画板

fletore vizatimi

图画
vizatim

画笔
penel

颜料盒
kuti bojërash

剪刀
gërshërë

胶水
ngjitës

练习册
fletore detyrash

家庭作业
detyrë shtëpie

12

数字
numër

2+2

加
mbledh

5-2

减
zbres

2×2

乘
shumëzoj

计算
llogaris

A

字母
gërmë

ABCDEFG
HIJKLMN
OPQRSTU
VWXYZ

字母表
alfabeti

hello

字
fjalë

课文

tekst

读

lexoj

粉笔

shkumës

上课

mësim

登记

regjistër

考试

provim

证书

çertifikatë

校服

uniformë shkolle

教育

arsimim

百科全书

enciklopedia

大学

universitet

显微镜

mikroskop

地图

hartë

废纸筐

kosh letrash

酒店
hotel

Grand

青年旅社
bujtinë

ROOMS

外币兑换处
pikë këmbimi valutor

ECHANGE

手提箱
valixhe

汽车
makinë

语言
gjuhë

是/否
po / jo

好的
Në rregull

您好
ç'kemi

翻译员
përkthyes

谢谢
Faleminderit

......多少钱？

sa kushton...?

我不明白

nuk e kuptoj

问题

problem

晚上好！

Mirëmbrëma!

早上好！

Mirëmëngjes!

晚安！

Natën e mirë!

再见

mirupafshim

方向

drejtim

行李

bagazhet

包

çantë

双肩包

çantë shpine

客人

mysafir

房间

dhomë

睡袋

thes gjumi

帐篷

tendë

旅游信息

informacion për turistët

海滩

plazh

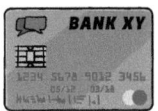

信用卡

kartë krediti

早餐

mëngjes

午餐

drekë

晚餐

darkë

票

Biletë

电梯

ashensor

邮票

pulla

边界

kufi

海关

doganë

大使馆

ambasadë

签证

vizë

护照

pasaportë

交通运输
transport

船
anije

飞机
aeroplan

消防车
makinë zjarrfikëse

公交车
autobus

卡车
kamion

汽艇
motoskaf

自行车
biçikletë

汽车
makinë

摆渡船

traget

小船

varkë

摩托车

motoçikletë

警车

makinë policie

赛车

makinë garash

租车

makinë me qira

拼车

ndarje e qirasë së makinës

拖车

karroatrec

垃圾车

makinë plehrash

发动机

motor

汽油

benzinë

加油站

pikë karburanti

交通标志

sinjalistikë trafiku

交通

trafik

交通堵塞

bllokim trafiku

停车场

parkim makinash

火车站

stacion treni

轨道

trase

火车

tren

电车

tramvaj

货车

karro

直升机

helikopter

机场

aeroport

塔

kullë

乘客

pasagjer

集装箱

kontenier

纸板箱

kuti kartoni

手推车

qerre

篮子

shportë

起飞/降落

ngrihem / ulem

城市

qytet

村庄

fshat

市中心

qendra e qytetit

房子

shtëpi

电影院
kinema

广告
publicitet

路灯
drita për ndricim rrugësh

街道
rrugë

出租车
taksi

小吃店
kioskë

行人
këmbësorë

人行道
trotuar

十字路口
kryqëzim

斑马线
vijat e bardha

垃圾箱
kosh plehërash

红绿灯
semafor

小屋

kasolle

公寓

apartament

火车站

stacion treni

市政厅

bashki

博物馆

muze

学校

shkolla

大学

universitet

银行

bankë

医院

spital

酒店

hotel

药房

farmaci

办公室

zyrë

书店

librari

商店

dyqan

花店

dyqan lulesh

超市

supermarket

市场

market

百货商店

mapo

鱼店

dyqan peshku

购物中心

qëndër tregtare

海港

port

公园
park

长凳
stol

桥
urë

楼梯
shkallë

地铁
metro

隧道
tunel

公交车站
stacion autobuzi

酒吧
bar

餐馆
restorant

邮筒
kuti postare

路标
sinjalistikë rrugore

停车计时器
kohëmatës parkimi

动物园
kopsht zoologjik

游泳馆
pishinë

清真寺
xhami

农场
fermë

污染
ndotje

基地
varrezë

教堂
kishë

操场
shesh lojërash

寺庙
tempull

地形
peisazh

树叶
gjethe

指示牌
tabela orientuese

路
rrugë

草地
livadh

石头
gurë

树
pemë

徒步旅行者
ekskursionist

河
lumë

草
bar

花
lule

峡谷

luginë

山

kodër

湖

liqen

森林

pyll

沙漠

shkretëtirë

火山

vullkan

城堡

kështjellë

彩虹

ylber

蘑菇

kepudhë

棕榈树

palmë

蚊子

mushkonjë

苍蝇

mizë

蚂蚁

milingonë

蜜蜂

bletë

蜘蛛

merimangë

甲虫
brumbull

青蛙
bretkosë

松鼠
ketër

刺猬
iriq

野兔
lepur

猫头鹰
buf

鸟
zog

天鹅
mjellmë

野猪
derr i egër

鹿
dre

麋鹿
dre brilopatë

水坝
digë

风力发电机
turbinë ere

太阳能电池板
panel diellor

气候
klimë

服务员
kamarier

菜单
menu

椅子
karrige

汤
supë

披萨饼
pica

餐具
set ngrënieje

桌布
mbulesë tavoline

前菜

pjatë e parë

主菜

pjatë kryesore

甜点

ëmbëlsirë

饮料

pije

食物

ushqim

瓶子

shishe

快餐

ushqim i shpejtë

街边小吃

ushqim i shërbyer në rrugë

茶壶

ibrik çaji

糖盒

kuti sheqeri

一份饭菜

racion

意式咖啡机

makinë kafeje ekspres

高脚椅

karrige e lartë

账单

faturë

托盘

tabaka

刀

thika

餐叉

pirun

勺子

lugë

茶匙

lugë çaji

餐巾

pecetë

玻璃杯

gotë

碟子
pjatë

汤盘
pjatë supe

碟子
pjatë filxhani

酱
salcë

盐瓶
mbajtëse kripe

胡椒磨
mulli piperi

醋
uthull

食用油
vaj

调味料
erëza

番茄酱
keçap

芥末
mustardë

蛋黄酱
majonezë

超市
supermarket

特价
ofertë speciale

顾客
klient

乳制品
produkte bulmeti

水果
frut

购物车
karrocë pazari

肉铺
dyqan mishi

面包房
furrë buke

称重
peshoj

蔬菜
perime

肉
mish

冷冻食品
ushqim i ngrirë

冷盘
copë

罐头食品
ushqim i konservuar

洗衣粉
pluhur larës

甜食
ëmbëlsirat

日用品
prodhime shtëpie

清洁用品
produkte pastrimi

销售员
shitëse

收银机
kasë fiskale

收银员
arkëtar

购物清单
listë blerjeje

开放时间
oraret e punës

钱包
portofol

信用卡
kartë krediti

袋子
çantë

塑料袋
qese plastike

饮料

pije

水

ujë

果汁

lëng frutash

牛奶

qumësht

可乐

koka-kola

红酒

verë

啤酒

birrë

酒

alkool

可可

kakao

茶

çaj

咖啡

kafe

意式浓缩咖啡

kafe ekspres

卡布奇诺

kapuçino

香蕉

banane

苹果

mollë

橙子

portokalle

西瓜

pjepër

柠檬

limon

胡萝卜

karrotë

大蒜

hudhër

竹子

bambu

洋葱

qepë

蘑菇

kërpudha

坚果

arra

面条

makarona

意大利面条

spageti

米饭

oriz

沙拉

sallatë

薯条

patate të skuqura

炸土豆

patate të skuqura

披萨饼

pica

汉堡包

hamburger

三明治

sanduiç

炸猪排

shnicel

火腿

proshutë

萨拉米

sallam

香肠

salçiçe

鸡肉

pulë

烤肉

skuq

鱼

peshk

燕麦片

tërshërë

穆兹利

drithëra

玉米片

kornfleiks

面粉

miell

羊角面包

kruasant

面包卷

panine

面包

bukë

烤面包

tost

饼干

biskotë

黄油

gjalp

凝乳

gjizë

蛋糕

tortë

蛋

vezë

煎蛋

vezë sy

奶酪

djathë

冰激凌

akullore

糖

sheqer

蜂蜜

mjaltë

果酱

marmaladë

巧克力酱

çokokrem

咖喱饭

këri

农舍
shtëpi fermë

粮仓
hangar

稻草捆
deng bari

田野
fushë

马
kal

拖车
rimorkio

马驹
kërriç

拖拉机
traktor

驴
gomar

羊
dele

羔羊
qengj

山羊
dhi

奶牛
lopë

牛犊
viç

猪
derr

小猪
derrkuc

公牛
dem

鹅
patë

鸭
rosë

小鸡
zog pule

母鸡
pulë

公鸡
gjel

鼠
mi

猫
mace

老鼠
mi

牛
buall

狗
qen

狗屋
kolibe qeni

花园浇水软管
zorrë vaditëse

洒水壶
vaditëse

长柄大镰刀
kosë

犁
plug

镰刀
drapër

锄头
shat

长柄草耙
kosa

斧头
sëpatë

独轮手推车
karrocë

饲料槽
govatë

牛奶罐
bidon qumështi

麻布袋
thes

栅栏
gardh

马厩
ahur

温室
serë

土壤
dhe

种子
farë

肥料
pleh

联合收割机
autokombanjë

收割

korr

收割

te korrat

山药

patate e ëmbël "Yam"

小麦

grurë

大豆

soja

土豆

patate

玉米

misër

油菜籽

raps

果树

pemë frutore

树薯

zhardhok manioku

谷物

drithëra

烟囱
oxhak

屋顶
çati

落水管
shkarkues uji

窗户
dritare

车库
garazh

门铃
zile e derës

门
derë

垃圾桶
kosh plehërash

信箱
kuti postare

花园
kopësht

客厅

dhomë ndenjeje

浴室

tualet

厨房

kuzhinë

卧室

dhomë gjumi

儿童房

dhomë fëmijësh

餐厅

dhomë ngrënieje

地板
dysheme

墙壁
mur

吊顶
tavan

地窖
bodrum

桑拿
sauna

阳台
ballkon

露台
tarracë

游泳池
pishinë

割草机
kositëse bari

被单
çarçaf

床罩
kuvertë

床
krevat

扫帚
fshesë dore

水桶
kovë

开关
çelës

壁纸
tapiceri

照片
fotografi

台灯
llambë

搁架
raft

橱柜
dollap

电视机
pajisje televizive

壁炉
vatër

花
lule

垫子
jastëk

沙发
divan

花瓶
vazo

遥控器
telekomandë

地毯
qilim

窗帘
perde

餐桌
tavolinë

椅子
karrige

摇椅
karrige lëkundëse

扶手椅
kolltuk

书

libri

毯子

batanije

装饰品

zbukurime

木柴

dru zjarri

电影

film

高保真音响

stereo

钥匙

çelës

报纸

gazetë

油画

pikturë

海报

afishe

收音机

radio

笔记本

bllok shënimesh

吸尘器

fshesë me korent

仙人掌

kaktus

蜡烛

qiri

微波炉
mikrovalë

冰箱
frigorifer

厨房秤
peshore kuzhine

烤面包机
toster

洗洁精
detergjent

冰柜
ngrirës

烤箱
furrë

垃圾桶
kosh plehërash

洗碗机
lavastovilje

炊具

sobë

锅

tenxhere

铸铁锅

tenxhere me kapak

炒锅

tigan special (Wok)

平底锅

tigan

水壶

çajnik

蒸锅

tenxhere me avull

烤盘

tavë pjekjeje

陶瓷锅

enë

马克杯

filxhan

碗

tas

筷子

shkopinj

长柄勺

garuzhde

铲子

spatul

搅拌器

tel kuzhine

滤网

kulluese

筛子

sitë

磨碎机

rende

研钵

havan

烧烤

skarë

明火

zjarr

菜板
dërrasë për prerje

擀面杖
okllai

开瓶器
heqëse tapash

罐子
kanaçe

开罐器
hapëse kanaçeje

隔热手套
rrobë për të kapur
tenxheren

水槽
lavaman

刷子
furçë

海绵
sfungjer

搅拌机
përzjerës

冷藏箱
ngrirës

奶瓶
biberon për lëngje

水龙头
rubinet

供暖设备
ngrohje

毛巾
peshqirë

淋浴
dush

泡沫浴
vaskë me shkumë

浴帘
perde dushi

浴缸
vaskë

玻璃杯
gotë

洗衣机
lavatriçe

瓷砖
pllaka

水龙头
rubinet

便壶
oturak

水槽
lavaman

厕所
tualet

蹲便器
WC e sheshtë

坐浴器
bide

小便池
tualet publik

厕纸
letër higjienike

马桶刷
furçe për WC

牙刷
furçë dhëmbësh

牙膏
pastë dhëmbësh

牙线
fije dentare

洗
laj

手持式喷淋头
dorezë dushi

冲洗器
larës për zonën intime

洗脸盆
legen

擦背刷
furçë për masazh shpine

肥皂
sapun

沐浴露
shampo trupi

洗发水
shampo

法兰绒
leckë pastruese

除臭剂

排水
kullues

乳霜
krem

除臭剂
antidjersë

镜子

pasqyrë

手镜

pasqyrë dore

剃须刀

brisk rroje

剃须泡沫

shkumë rroje

须后水

locion pas rrojes

梳子

krehër

刷子

furçë

吹风机

tharëse flokësh

喷发定型剂

llak për flokët

化妆品

grim

唇膏

buzëkuq

指甲油

manikyr

化妆棉

mbushje pambuku

指甲剪

gërshërë për thonj

香水

parfum

洗漱包

cantë për sendet personale

凳子

Stol

计重秤

peshore

浴袍

robëdëshambër

橡胶手套

dorashka gome

卫生棉条

tampon

卫生巾

peceta higjienike

化学厕所

tualet I lëvizshëm

闹钟
orë me zile

毛绒玩具
lodra me pellushë

玩具车
makinë lodër

拨浪鼓
rraketake

玩具屋
shtëpi kukullash

礼物
dhuratë

气球

tollumbace

床

krevat

（洋娃娃用）婴儿车

karrocë fëmijësh

扑克牌

lojë me letra

拼图

bashkim pjesësh me figura

漫画

komik

乐高积木
formuese lodër

积木玩具
kuba plastikë

玩具人
lodra

婴儿服
badi

飞盘
frizbi

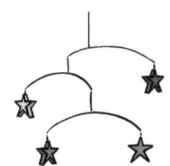

床铃玩具
lodra të varura tek krevati i fëmijëve

棋盘游戏
tavolinë lojërash

骰子
zare

火车模型
model treni

安抚奶嘴
biberon

聚会
festë

绘本
libër me ilustrime

球
top

洋娃娃
kukull

玩
luaj

沙坑

grumbull rëre

秋千

kolovarëse

玩具

lodra

游戏机

leva për lojra video

三轮车

triçikël

泰迪熊

arush prej pellushi

衣柜

garderobë

衣服

veshje

袜子

çorape

长袜

çorape të gjata

紧身裤

geta

围巾
shall

雨伞
çadër

T恤
bluzë pa jakë

皮带
rrip

靴子
çizme

拖鞋
pantofla

运动鞋
atlete

凉鞋
sandale

鞋
këpucë

雨靴
çizme llastiku

内裤
të mbathura

胸罩
reçipeta

背心
kanotierë

身体

trup

裤子

pantallona

牛仔裤

xhinse

短裙

fund

女式衬衫

bluzë

衬衫

këmishë

套头衫

pulovër

卫衣

triko

西装夹克

xhaketë

夹克

xhaketë

外套

pallto

雨衣

mushama shiu

套装

kostum

连衣裙

fustan

婚纱

fustan nusërie

西装

kostum

睡袍

këmishë nate

睡衣

pizhama

莎丽

sari (veshje tradicionale indiane)

头巾

shami koke

包头巾

çallmë

波卡

veshje për femrat e besimit musliman

卡夫坦

kaftan (lloj veshjeje tradicionale)

(阿拉伯式)长袍长袍

ferexhe

泳衣

kostum banje

男式泳裤

rroba banje

短裤

pantallona të shkurtra

运动服

tuta sporti

围裙

përparëse

手套

dorashka

衣服 - veshje

纽扣

kopsë

眼镜

syze

手链

byzylyk

项链

gjerdan

戒指

unazë

耳环

vath

便帽

kapuç

衣架

varëse për pallto

帽子

kapele

领带

kravatë

拉链

zinxhir

头盔

helmetë

背带

tiranda

校服

uniformë shkolle

制服

uniformë

围兜
gushore

安抚奶嘴
biberon

尿不湿
pelenë

办公室
zyrë

服务器
server

文件柜
skedar

打印机
printer

纸
letër

显示屏
ekran

办公桌
tavolinë

鼠标
maus

文件夹
dosje

键盘
tastierë

废纸筐
kosh letrash

电脑
kompjuter

椅子
karrige

咖啡杯
filxhan kafeje

计算器
makinë llogaritëse

因特网
internet

笔记本电脑

kompjuter portativ

信件

letër

消息

mesazh

手机

telefon

网络

rrjet

复印机

fotokopje

软件

program

电话

telefon

插座

prizë

传真机

pajisje faksi

表格

formular

文件

dokument

买
blej

付钱
paguaj

交易
tregtoj

现金
para

 USD

美元
dollar

 EUR

欧元
euro

 JPY

日元
jen

 RUB

卢布
rubla

 CHF

瑞士法郎
franga zvicerane

 CNY

人民币
juani kinez

 INR

卢比
rupje

提款处
bankomat

外币兑换处

pikë këmbimi valutor

金

ar

银

argjend

石油

nafta

能源

energji

价格

çmim

合同

kontratë

税金

taksë

股票

aksione

工作

punoj

职员

punonjës

老板

punëdhënës

工厂

fabrikë

商店

dyqan

警官
oficer policie

消防员
zjarrfikës

厨师
kuzhinier

医生
mjek

飞行员
pilot

园丁

kopshtar

木匠

marangoz

裁缝

rrobaqepëse

法官

gjykatës

化学家

kimist

演员

aktor

公交车司机

shofer autobuzi

出租车司机

taksist

渔夫

peshkatar

清洁女工

pastruese

屋顶工

riparues çatish

服务员

kamarier

猎人

gjuetar

画家

piktor

面包师

furrxhi

电工

elektriçist

建筑工人

ndërtues

工程师

inxhinier

屠夫

kasap

水管工

hidraulik

邮递员

postieri

士兵

ushtar

建筑师

arkitekt

收银员

arkëtar

花农

luleshitës

理发师

berber

售票员

kontrollor

机械师

mekanik

船长

kapiten

牙医

dentist

科学家

shkencëtar

拉比

rabin

伊玛目

imam

和尚

murg

牧师

klerik

铁锤
çekiç

钳子
pinca

螺丝刀
kaçavidë

扳手
çelës mekanik

手电筒
elektrik dore

挖掘机

ekskavator

工具箱

kuti veglash

梯子

shkallë

锯子

sharrë

钉子

gozhdë

钻机

trapan

修
riparoj

铲子
lopatë

靠！
Dreq!

簸箕
kaci

油漆桶
kuti boje

螺丝
vidhë

乐器

instrumenta muzikorë

打击乐器
bateri

扬声器
altoparlant

低音提琴
kontrabas

小号
trompë

吉他
kitare

钢琴

piano

小提琴

violinë

贝斯

bas

定音鼓

tamburë

鼓

daulle

电子琴

tastierë pianoje

萨克斯管

saksofon

长笛

flaut

麦克风

mikrofon

老虎
tigër

入口
hyrje

笼子
kafaz

斑马
zebër

动物饲料
ushqim për kafshë

熊猫
panda

动物

kafshë

大象

elefant

袋鼠

kangur

犀牛

rinoceront

大猩猩

gorillë

熊

ari

骆驼

deve

鸵鸟

struc

狮子

luan

猴子

majmun

火烈鸟

flamingo

鹦鹉

papagall

北极熊

ari polar

企鹅

pinguin

鲨鱼

peshkaqen

孔雀

pallua

蛇

gjarpër

鳄鱼

krokodil

动物园管理员

punonjës i kopshtit zoologjik

海豹

fokë

美洲豹

xhaguar

矮种马

poni

豹

leopard

河马

hipopotam

长颈鹿

gjirafë

老鹰

shqiponjë

野猪

derr i egër

鱼

peshk

龟

breshkë

海象

lopë deti

狐狸

dhelpër

羚羊

gazelë

体育
sportet

橄榄球
futboll amerikan

骑自行车
çiklizëm

网球
tenis

篮球
basketboll

游泳
not

拳击
boks

冰球
hokej mbi akull

英式足球
futboll

羽毛球
badminton

田径
atletikë

手球
hendboll

滑雪
ski

马球
polo

跳
hidhem

拥抱
përqafoj

笑
qesh

走路
eci

唱
këndoj

做梦
ëndërroj

祈祷
lutem

亲吻
puth

书写
shkruaj

画
vizatoj

展示
tregoj

推
shtyj

给
jap

拿
marr

有
kam

做
bëj

当
jam

站
qëndroj

跑
vrapoj

拉
tërheq

扔
hedh

摔倒
bie

躺
shtrihem

等待
pres

携带
mbaj

坐
ulem

穿衣
vishem

睡觉
fle

醒来
zgjohem

看

shikoj

哭

qaj

抚摸

përkëdhel

梳头

kreh

交谈

bisedoj

明白

kuptoj

问

kërkoj

听

dëgjoj

喝

pi

吃

ha

清理

sistemoj

爱

dashuroj

做饭

gatuaj

开车

drejtoj makinën

飞

fluturoj

航行

lundroj

计算

llogaris

读

lexoj

学习

mësoj

工作

punoj

结婚

martohem

缝

qep

刷牙

laj dhëmbët

杀

vras

抽烟

tymos

寄

dërgoj

祖母
gjyshe

祖父
gjysh

父亲
baba

母亲
nënë

婴童
bebe

女儿
vajzë

儿子
djalë

客人

mysafir

阿姨

teze, hallë

叔叔

dajë, xhaxha

兄弟

vëlla

姐妹

motër

前额
balli

眼睛
syri

肩膀
shpatulla

手指
gishti

脸
fytyra

下巴
mjekra

手
dora

乳房
krahërori

腿
këmba

手臂
krahu

婴童

bebe

男人

burrë

女人

grua

女孩

vajzë

男孩

djalë

头

koka

背部

shpina

肚子

barku

肚脐

kërthiza

脚趾

gisht këmbe

脚后跟

Thembra

骨头

kockë

臀部

legeni

膝盖

gjuri

手肘

bërryli

鼻子

hunda

屁股

vithe

皮肤

lëkura

脸颊

faqja

耳朵

veshi

嘴唇

buza

身体 - trupi

嘴
goja

牙齿
dhëmbët

舌头
gjuha

脑
truri

心脏
zemra

肌肉
muskul

肺
mushkëria

肝脏
mëlçia

胃
stomaku

肾脏
veshka

性交
seks

避孕套
prezervativ

卵子
veza

精子
sperma

怀孕
shtatëzani

月经

menstruacione

阴道

vagina

阴茎

penis

眉毛

vetulla

头发

flokët

脖子

qafa

医院
spital

救护车
ambulanca

轮椅
karrige me rrota

骨折
thyerje

医生

mjek

急诊室

sallë urgjencash

护士

infermiere

紧急情况

emergjencë

昏迷

i pandërgjegjshëm

痛

dhimbje

受伤

dëmtim

出血

gjakosje

心脏病发作

infarkt

中风

goditje

过敏

alergji

咳嗽

kolla

发烧

ethe

流感

grip

腹泻

diarre

头痛

dhimbje koke

癌症

kancer

糖尿病

diabet

外科医生

kirurg

手术刀

bisturi

手术

operacion

CT

CT (skaner)

X光

radiografi

超声波

ultratingull

口罩

maskë fytyre

疾病

sëmundje

候诊室

dhomë pritjeje

拐杖

paterica

石膏

leukoplast

绷带

fasho

注射

injeksion

听诊器

stetoskop

担架

barelë

体温计

termometër

出生

lindje

超重

mbipeshë

助听器

aparat dëgjimi

消毒液

dezinfektant

感染

infeksion

病毒

virus

艾滋病

HIV / AIDS

药物

mjekësi, mjekim

接种疫苗

vaksinim

药片

tableta

药丸

pilulë

急救电话

telefonatë emergjence

血压计

aparat tensioni

生病/健康

i sëmurë / i shëndetshëm

救命！

Ndihmë!

警报

alarm

突击

sulm

攻击

atak

危险

rrezik

紧急出口

dalje emergjence

着火啦！

Zjarr!

灭火器

fikëse zjarri

意外

aksident

急救箱

kuti e ndimës së shpejtë

呼救信号

SOS

警察

policia

欧洲

Europa

北美洲

Amerika e Veriut

南美洲

Amerika e Jugut

非洲

Afrika

亚洲

Azia

澳洲

Australia

大西洋

Atlantiku

太平洋

Paqësori

印度洋

Oqeani Indian

南冰洋

Oqeani Antarktik

北冰洋

Oqeani Arktik

北极

Poli i veriut

南极

Poli i Jugut

南极洲

Antarktida

地球

toka

陆地

tokë

海

det

岛

ishull

国家

komb

国家

shtet

钟面

fusha e orës

时针

akrepi i orës

分针

akrepi i minutave

秒针

akrepi i sekondave

现在几点？

Sa është ora?

天

ditë

时间

kohë

现在

tani

电子表

orë dixhitale

分

minutë

时

orë

周一 e hënë
周二 e martë
周三 e mërkurë
周四 e enjte
周五 e premte
周六 e shtunë
周日 e diel

昨天

dje

今天

sot

明天

nesër

早晨

mëngjes

中午

mesditë

晚上

mbrëmje

工作日

ditë pune

周末

fundjavë

雨
▶ shi

彩虹
▶ ylber

风
▶ erë

雪
borë

春
pranverë

秋
vjeshtë

夏
verë

冬
dimër

天气预报

parashikimi i motit

温度计

termometër

阳光

ndriçim dielli

云

re

雾

mjegull

潮湿

lagështi

闪电

vetëtima

打雷

gjëmim

风暴

stuhi

冰雹

breshër

季风

muson

洪水

përmbytje

冰

akull

一月

janar

二月

shkurt

三月

mars

四月

prill

五月

maj

六月

qershor

七月

korrik

八月

gusht

九月

shtator

十月

tetor

十一月

nëntor

十二月

dhjetor

形状

forma

圆形

rreth

正方形

katror

长方形

drejtkëndësh

三角形

trekëndësh

球体

sferë

立方体

kub

白

e bardhë

黄

e verdhë

橙

portokalli

粉

rozë

红

e kuqe

紫

vjollcë

蓝

blu

绿

e gjelbër

棕

kafe

灰

gri

黑

e zezë

很多/少许

shumë / pak

生气/平静

i nevrikosur / i qetë

美/丑

i bukur / i shëmtuar

首/尾

fillim / fund

大/小

i madh / i vogël

明/暗

i ndritshëm / i errët

兄弟/姐妹

vëlla / motër

干净/肮脏

e pastër / e pistë

完整/缺失

e plotë / jo e plotë

白天/晚上

ditë / natë

死/生

gjallë / vdekur

宽/窄

i gjerë / i ngushtë

可食用/非食用

i ngrënshëm / i pangrënshëm

邪恶/善良

i keq / i këndshëm

兴奋/无聊

i lumtur / i mërzitur

胖/瘦

i shëndoshë / i dobët

第一/最后

e para / e fundit

朋友/敌人

mik / armik

满/空

plot / bosh

硬/软

e fortë / e butë

重/轻

e rëndë / e lehtë

饿/渴

uri / etje

生病/健康

i sëmurë / i shëndetshëm

非法/合法

e paligjshme / e ligjshme

聪明/愚笨

i zgjuar / budalla

左/右

majtas / djathtas

近/远

afër / larg

新/旧

e re / e përdorur

没有/有些

asgjë / diçka

老/幼

i moshuar / i ri

开/关

ndezur / fikur

打开/合上

hapur / mbyllur

安静/吵闹

i qetë / i zhurmshëm

富/穷

i pasur / i varfër

对/错

e drejtë / e gabuar

粗糙/光滑

i ashpër / i butë

伤心/高兴

i mërzitur / i lumtur

短/长

i shkurtër / i gjatë

慢/快

ngadalë / shpejt

湿/干

i lagësht / i thatë

温暖/凉爽

ngrohtë / freskët

战争/和平

luftë / paqe

反义词 - të kundërta

0

零
zero

1

一
një

2

二
dy

3

三
tre

4

四
katër

5

五
pesë

6

六
gjashtë

7

七
shtatë

8

八
tetë

9

九
nentë

10

十
dhjetë

11

十一
njëmbëdhjetë

12

十二

dymbëdhjetë

13

十三

trembëdhjetë

14

十四

katërmbëdhjetë

15

十五

pesëmbëdhjetë

16

十六

gjashtëmbëdhjetë

17

十七

shtatëmbëdhjetë

18

十八

tetëmbëdhjetë

19

十九

nentëmbëdhjetë

20

二十

njëzetë

100

百

qind

1.000

千

mijë

1.000.000

百万

milion

语言

gjuhët

英语
anglisht

美式英语
anglishte amerikane

普通话
kinezisht mandarin

印地语
hindi

西班牙语
spanjisht

法语
frëngjisht

阿拉伯语
arabisht

俄语
rusisht

葡萄牙语
portugalisht

孟加拉语
bengalisht

德语
gjermanisht

日语
japonisht

我

unë

你

ti

他/她/它

ai / ajo

我们

ne

你们

ju

他们

ata

谁？

kush?

什么？

çfarë?

怎样？

si?

哪里？

ku?

什么时候？

kur?

名字

emër

后面

pas

里面

në

前面

përballë

上方

sipër

上面

mbi

下面

poshtë

旁边

pranë

中间

midis

地点

vend